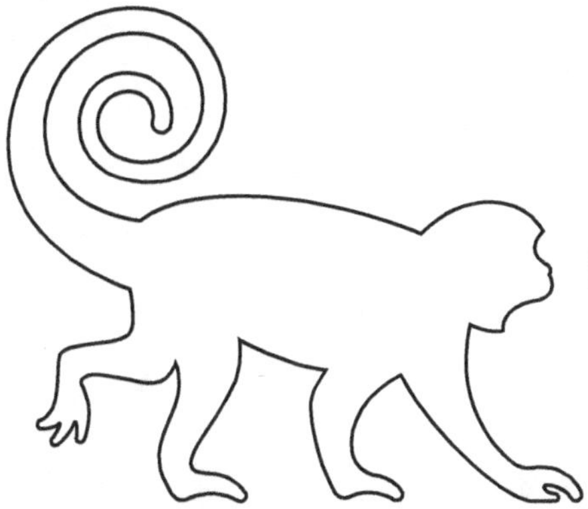

Zoo Adventures

COLORING BOOK

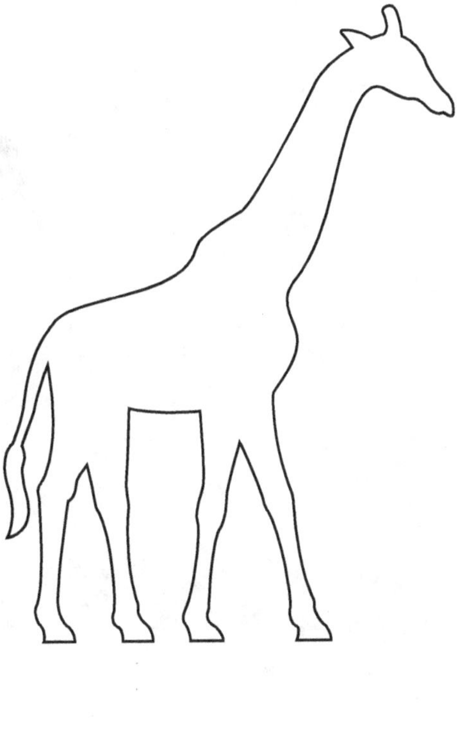

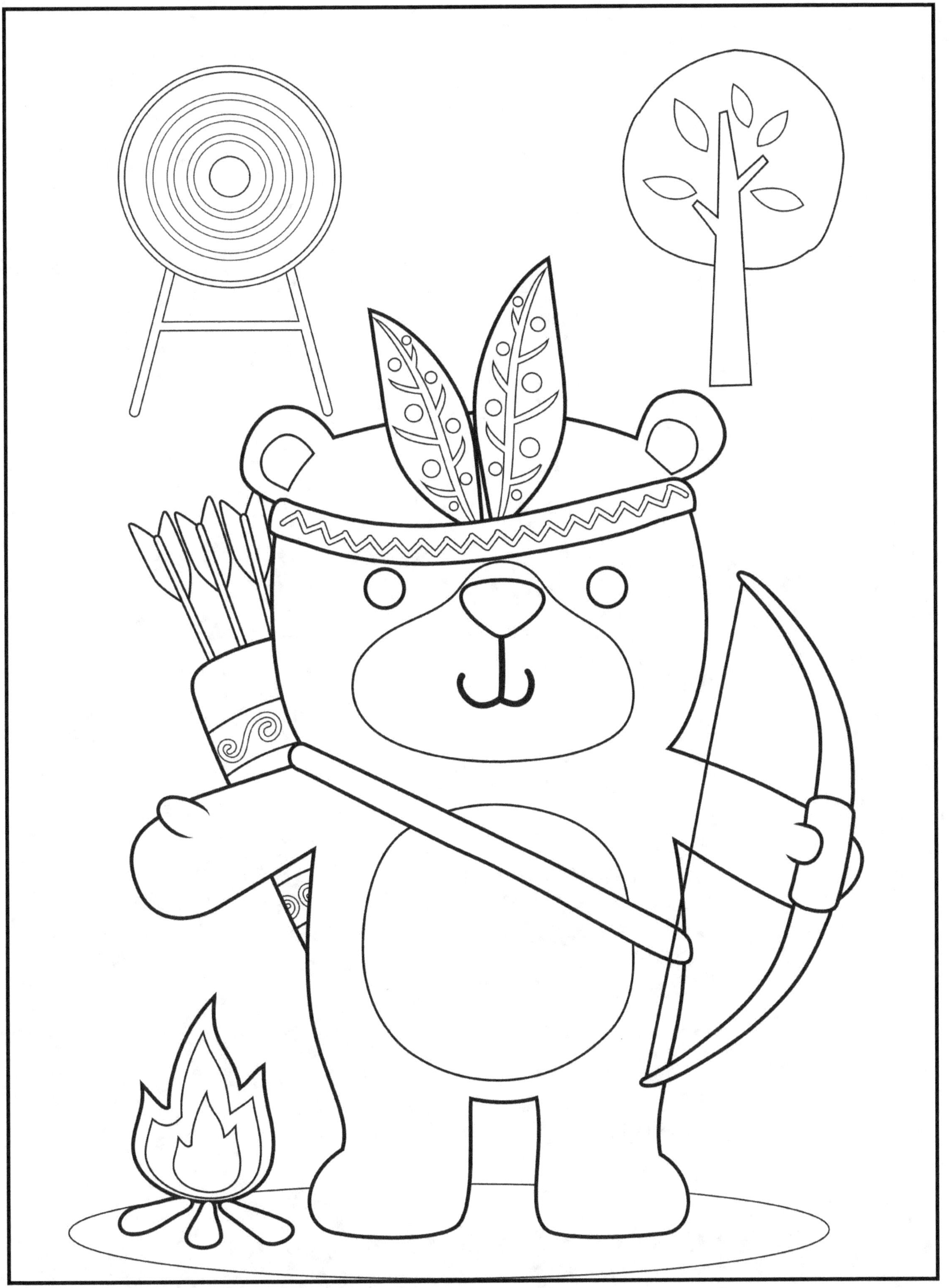

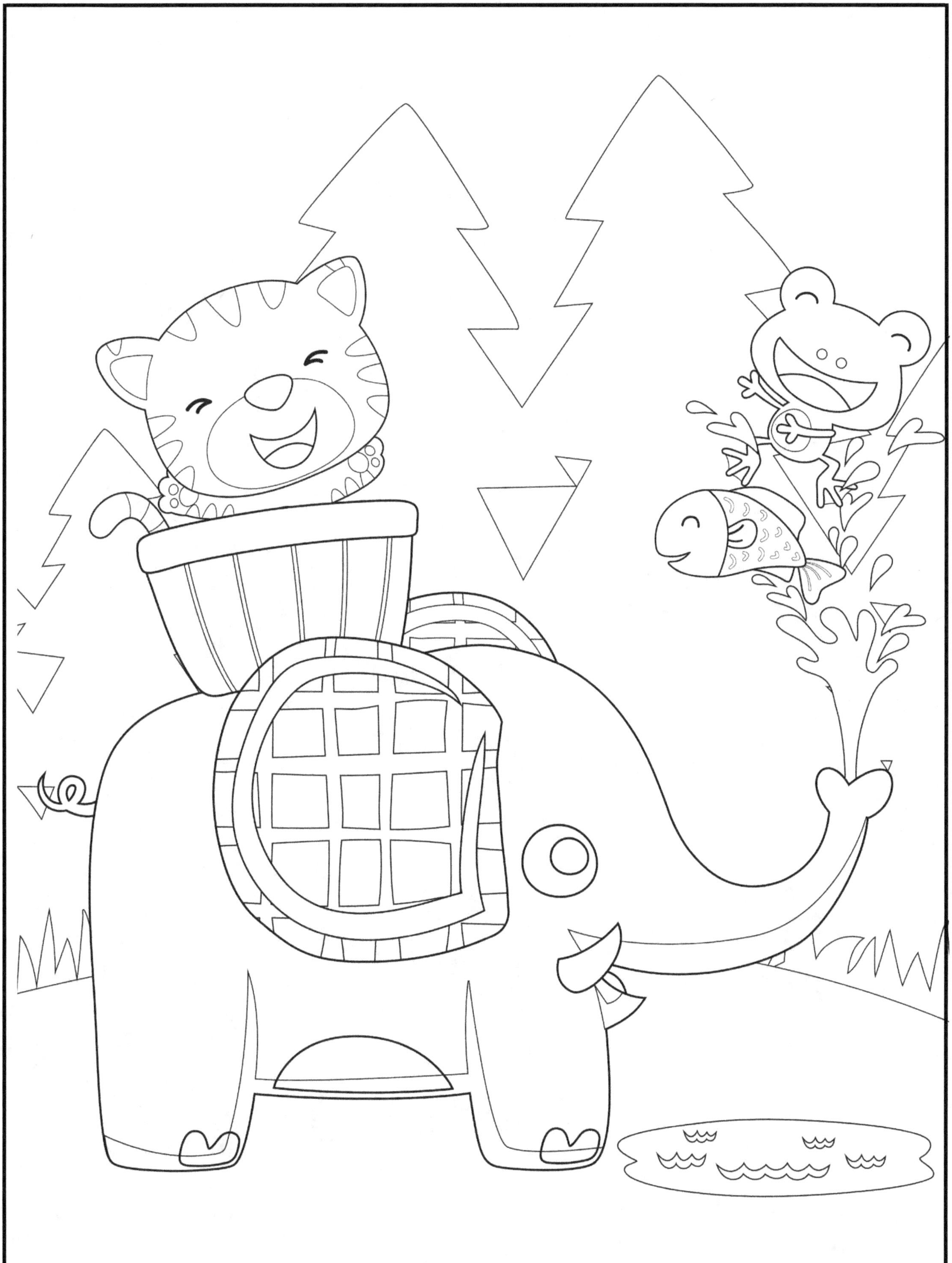

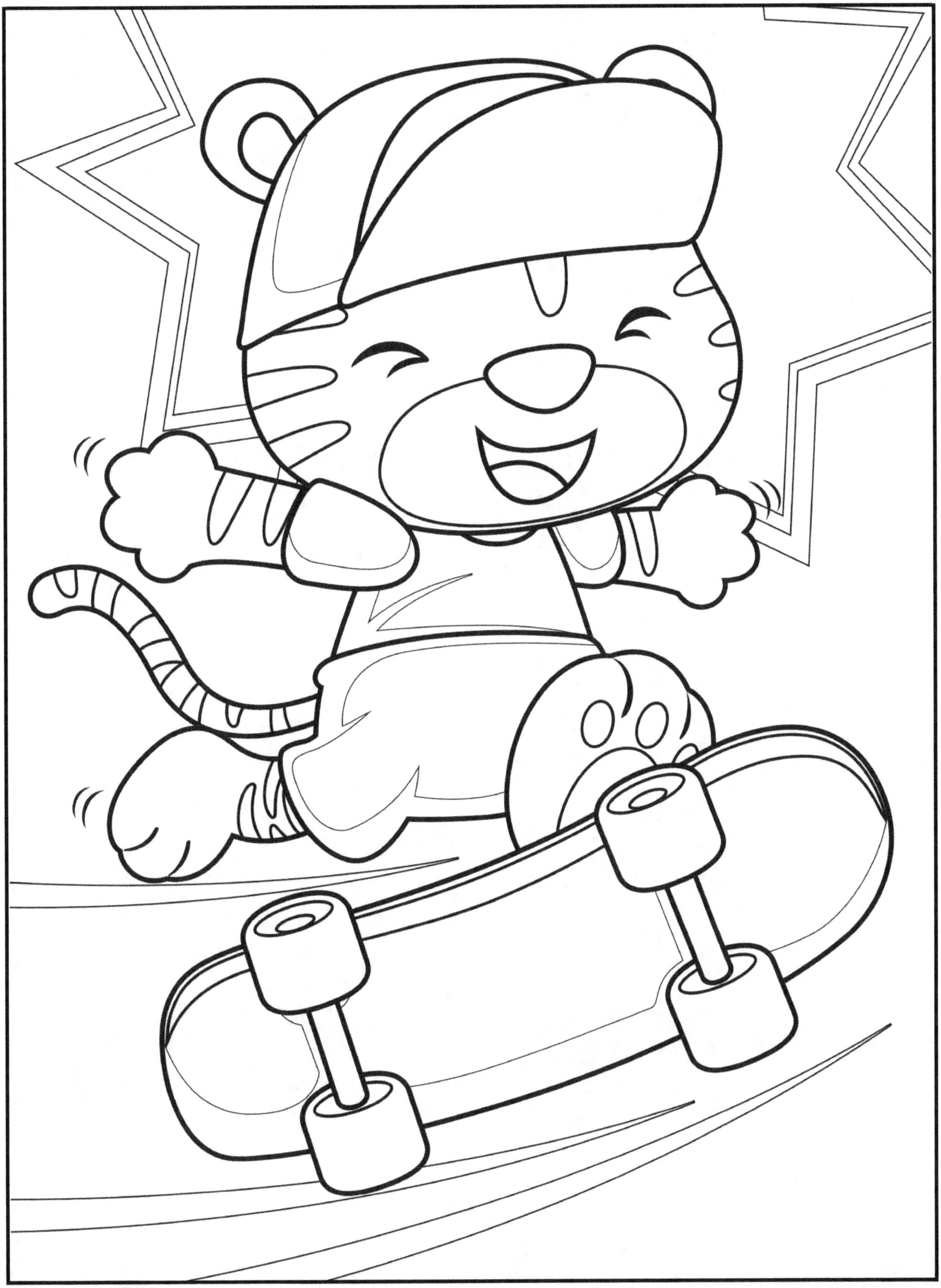

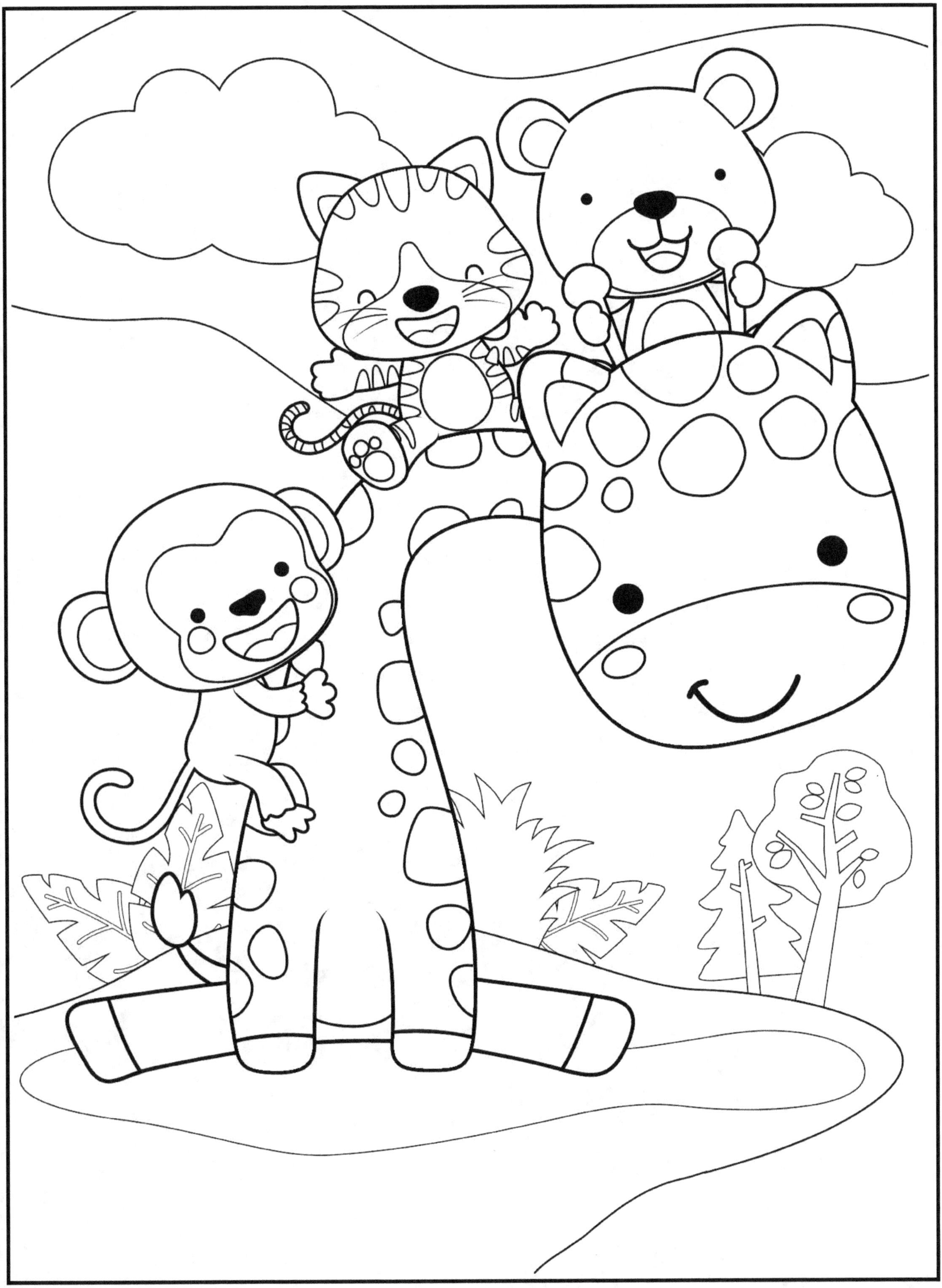

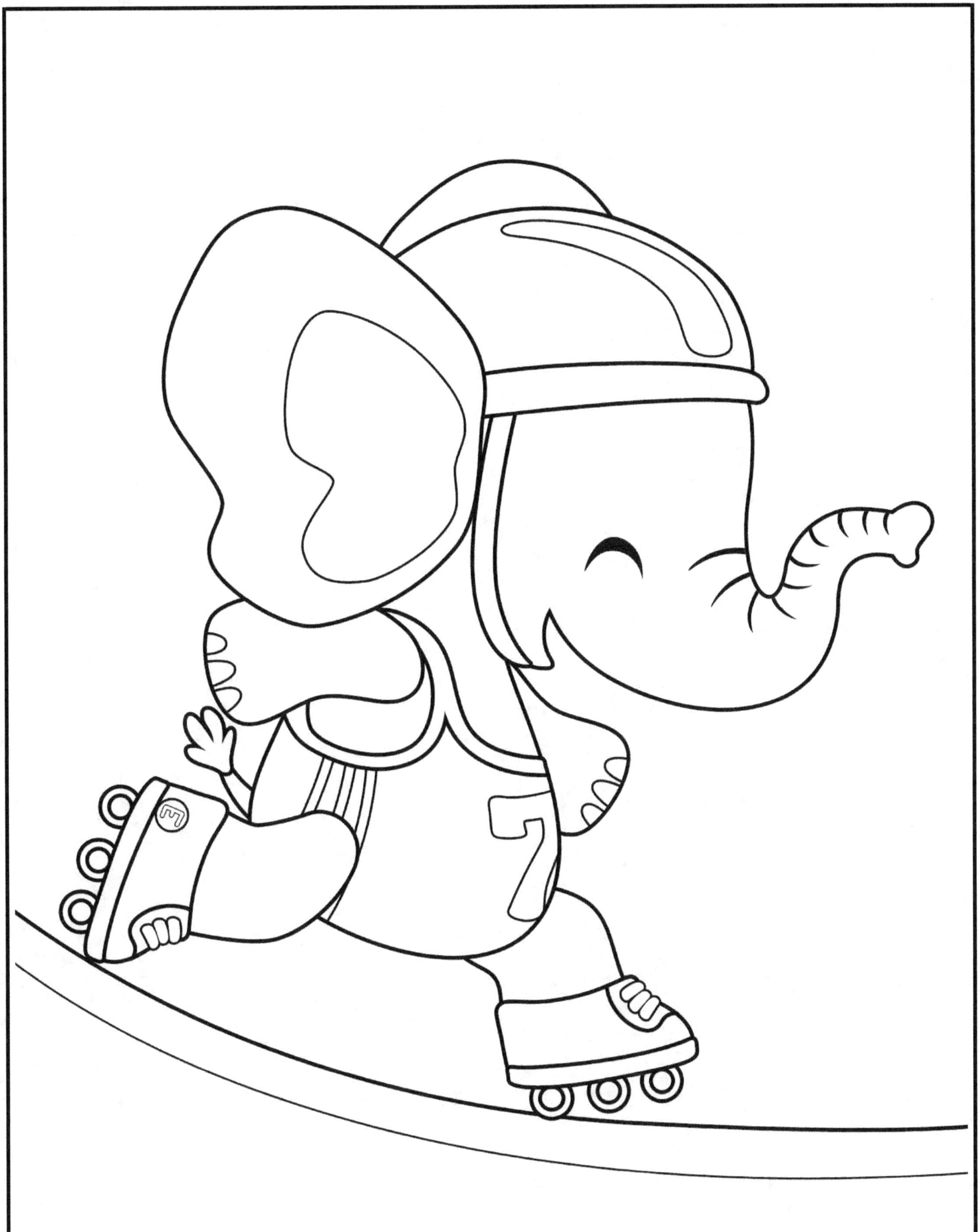

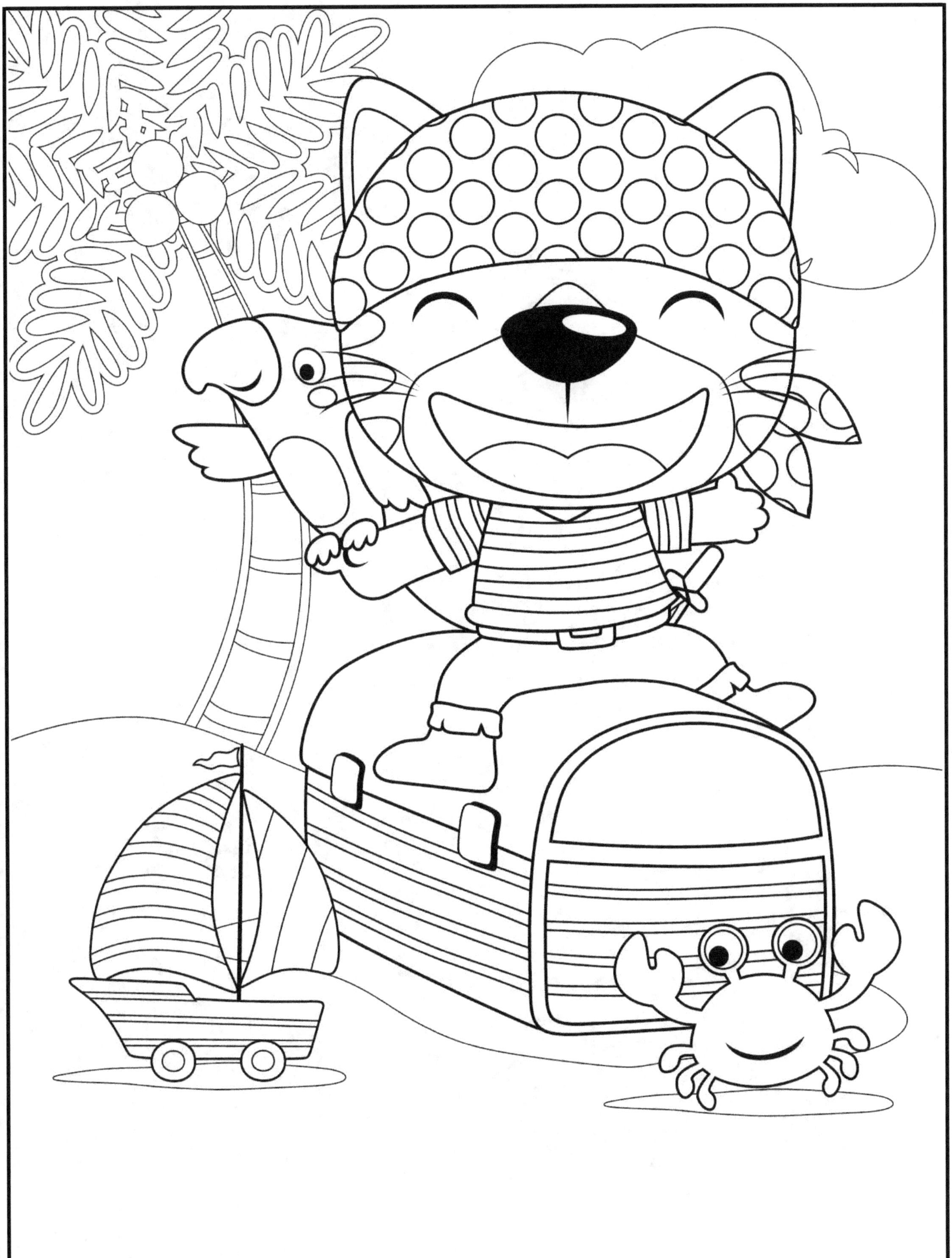

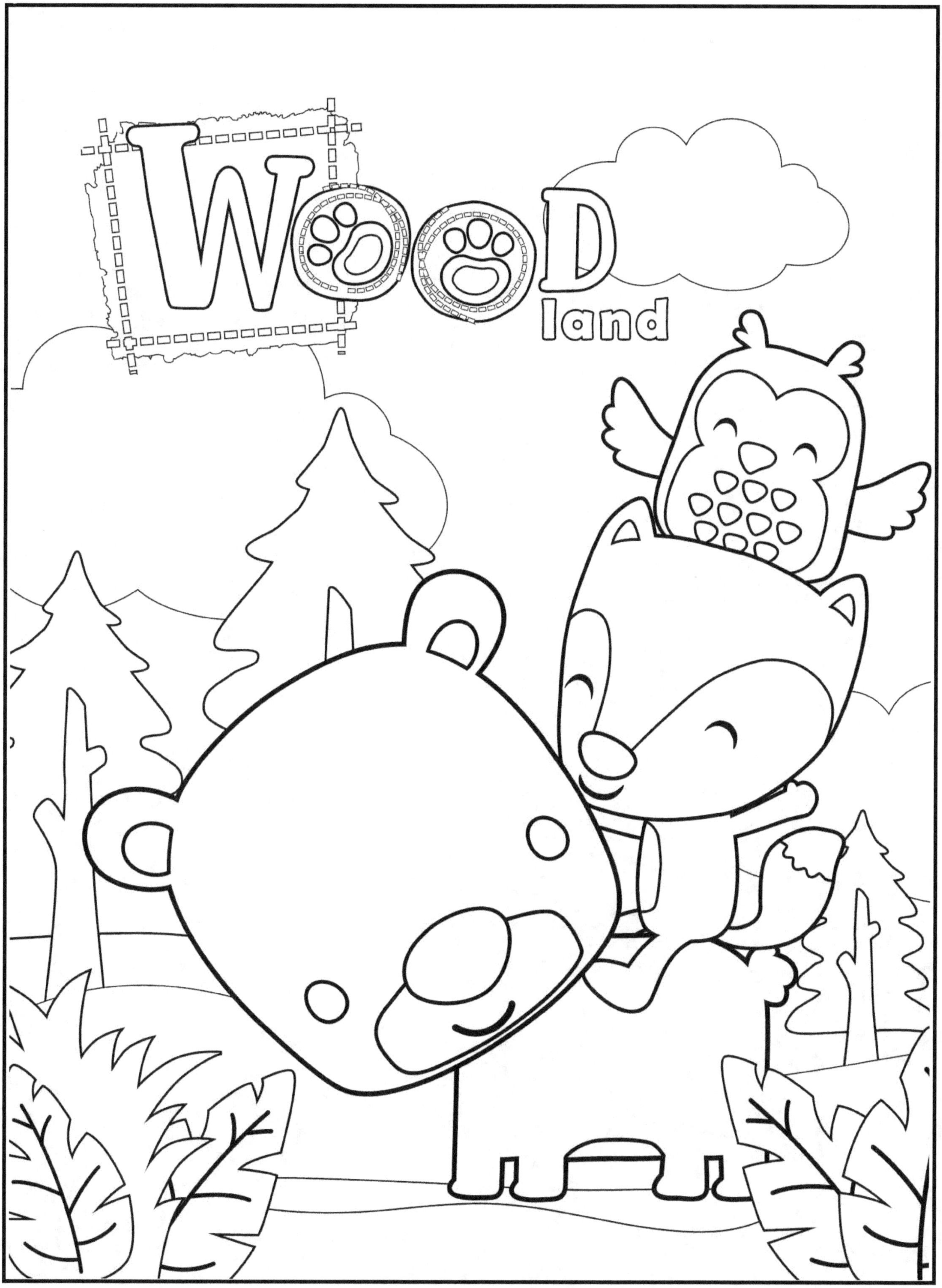

WOOD
land

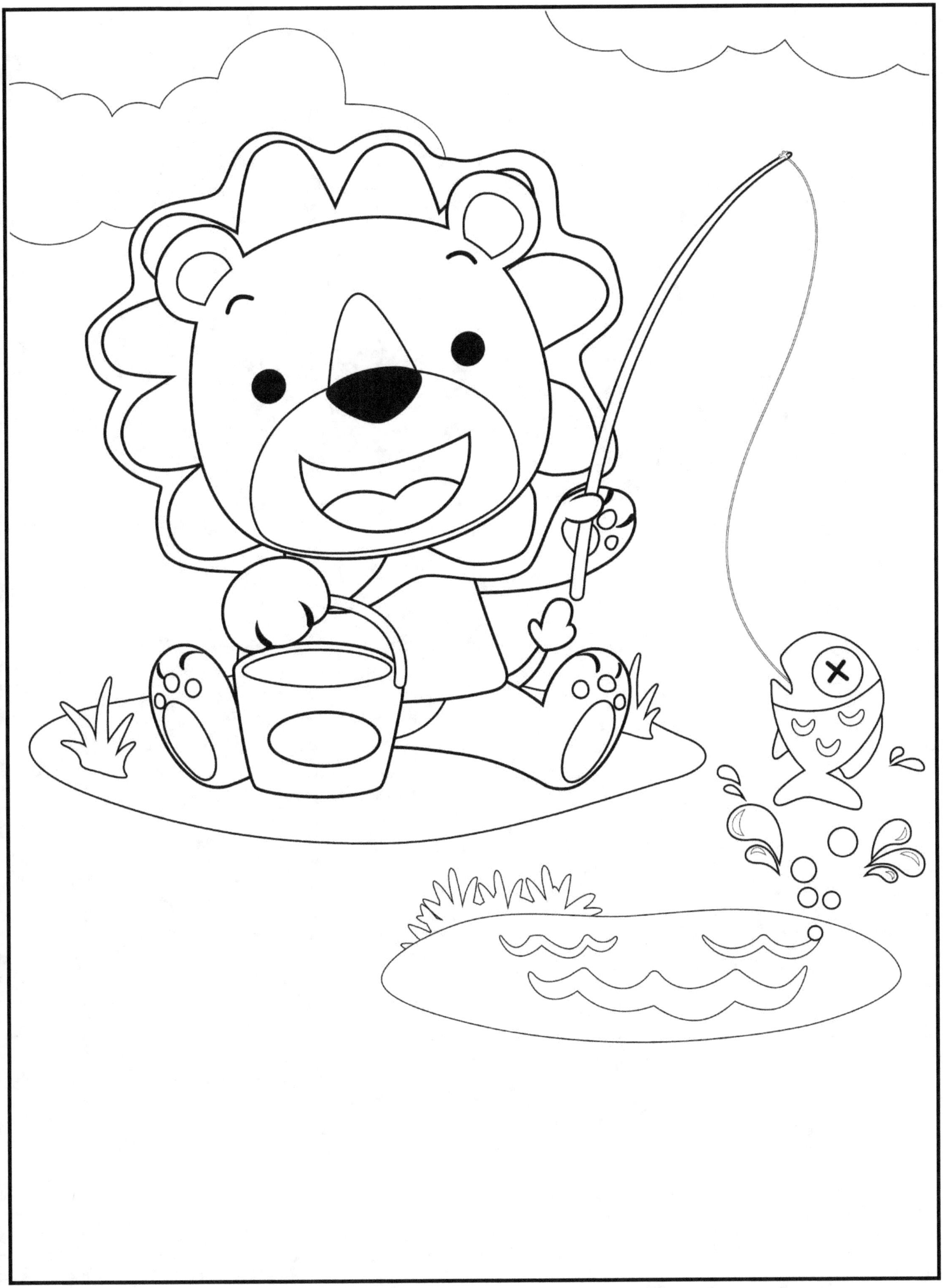

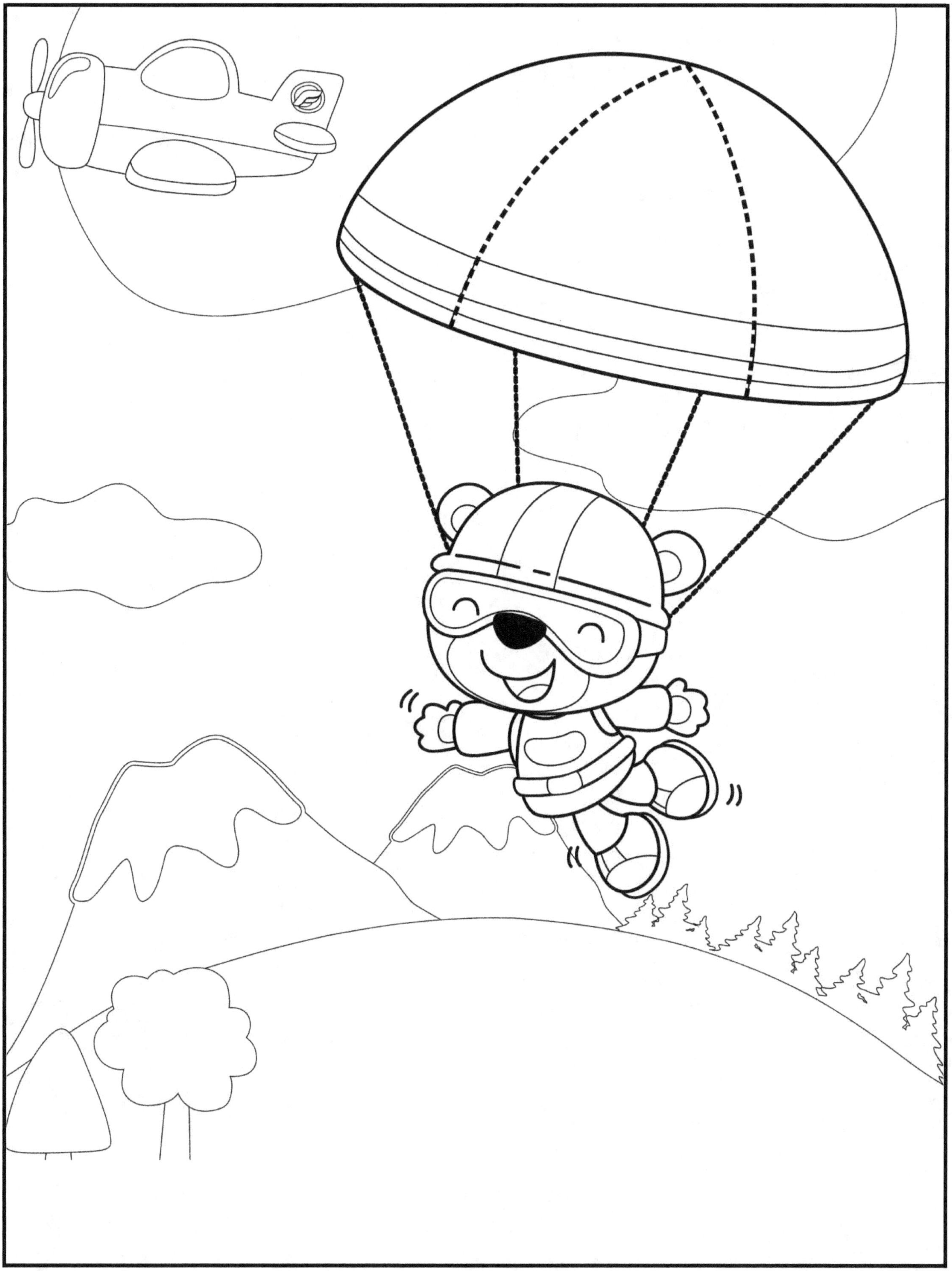

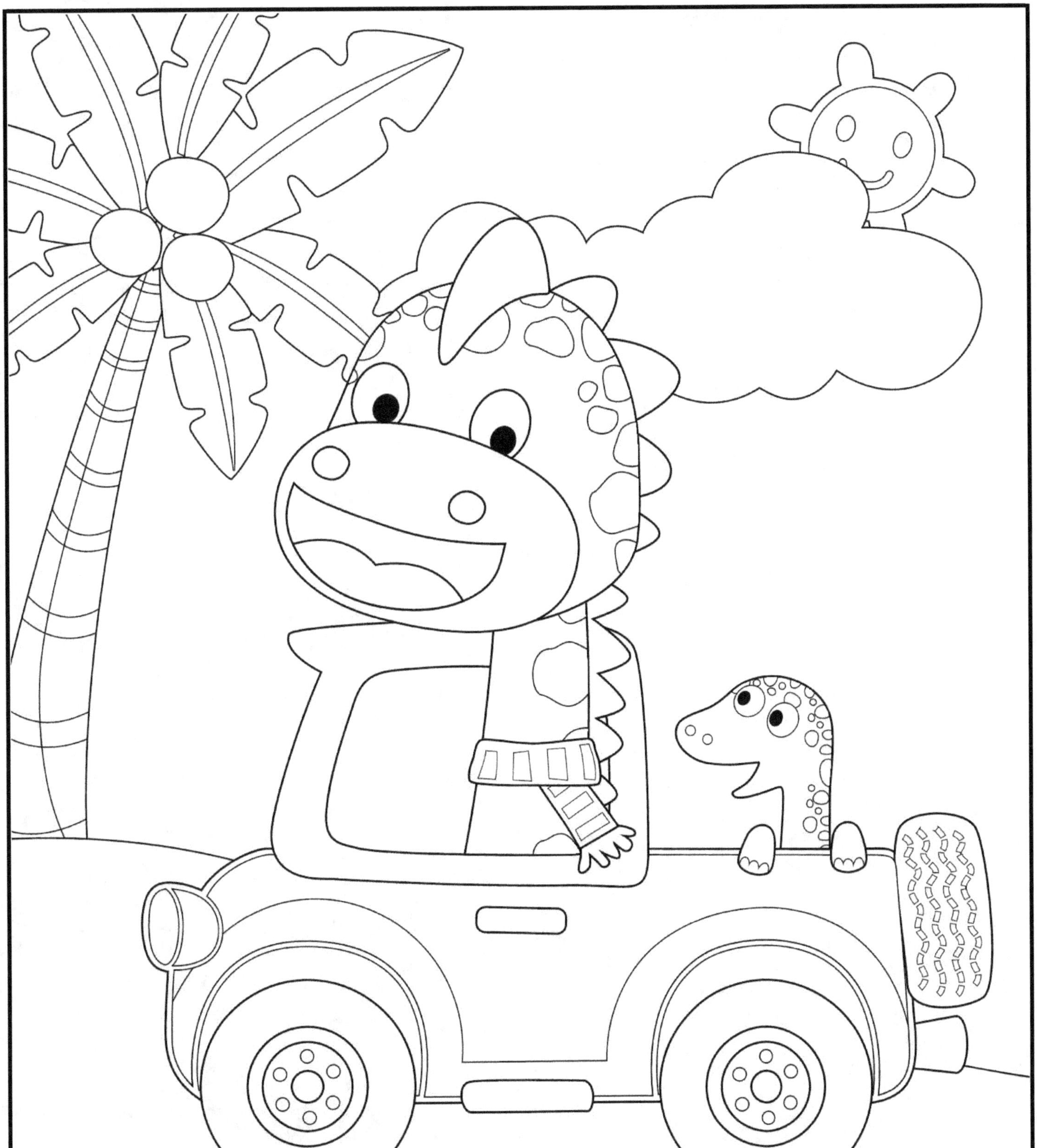

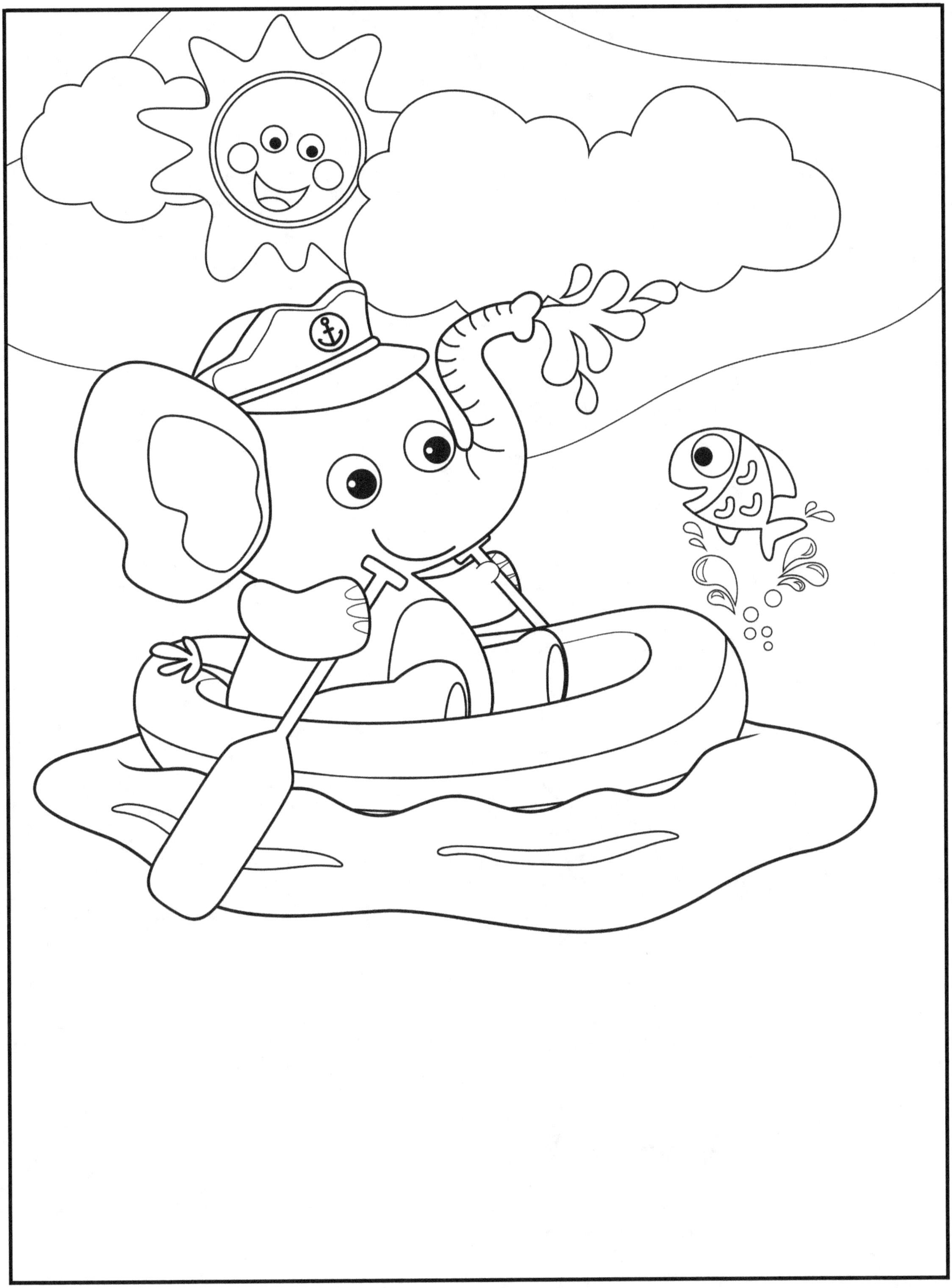

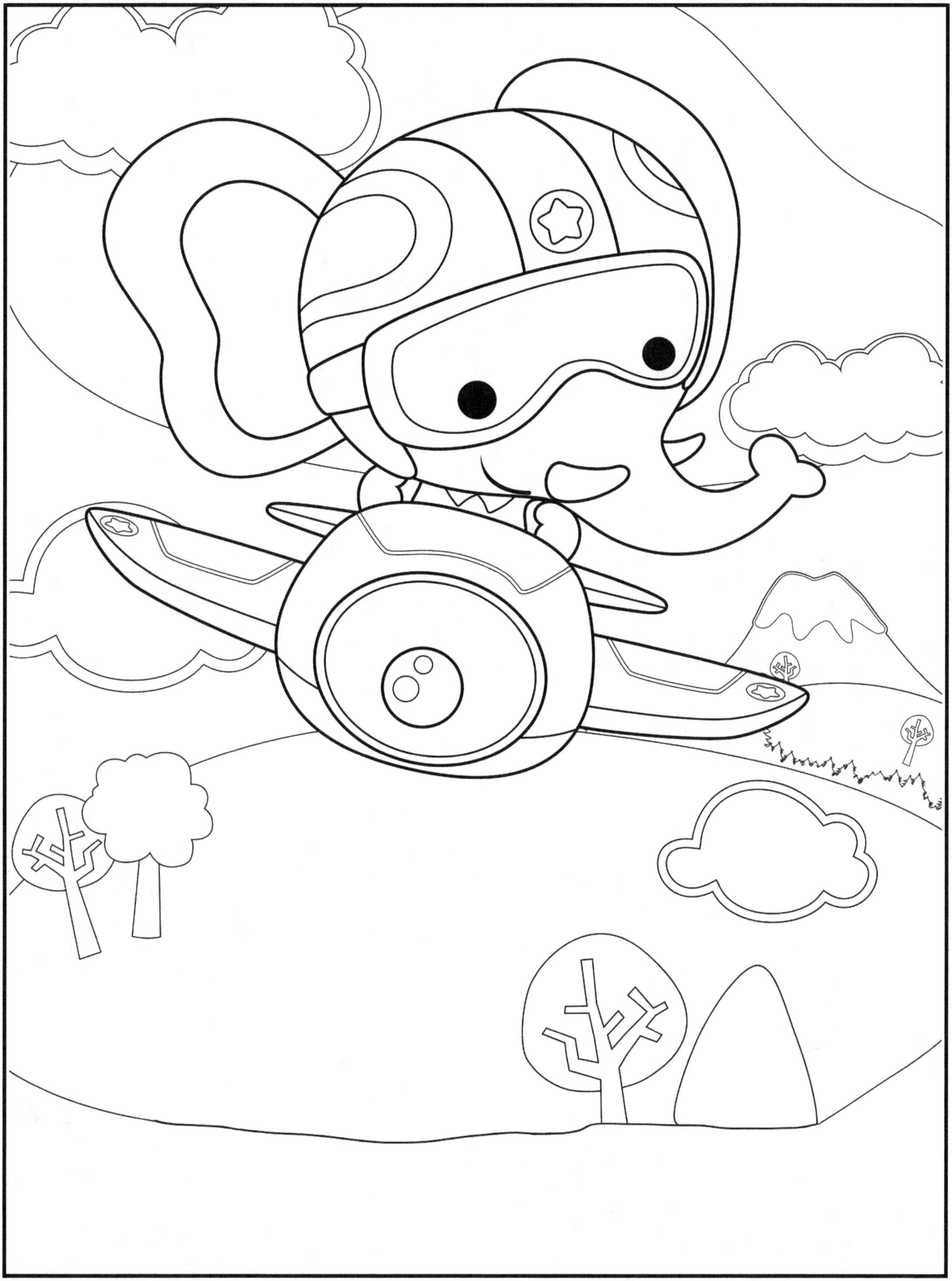

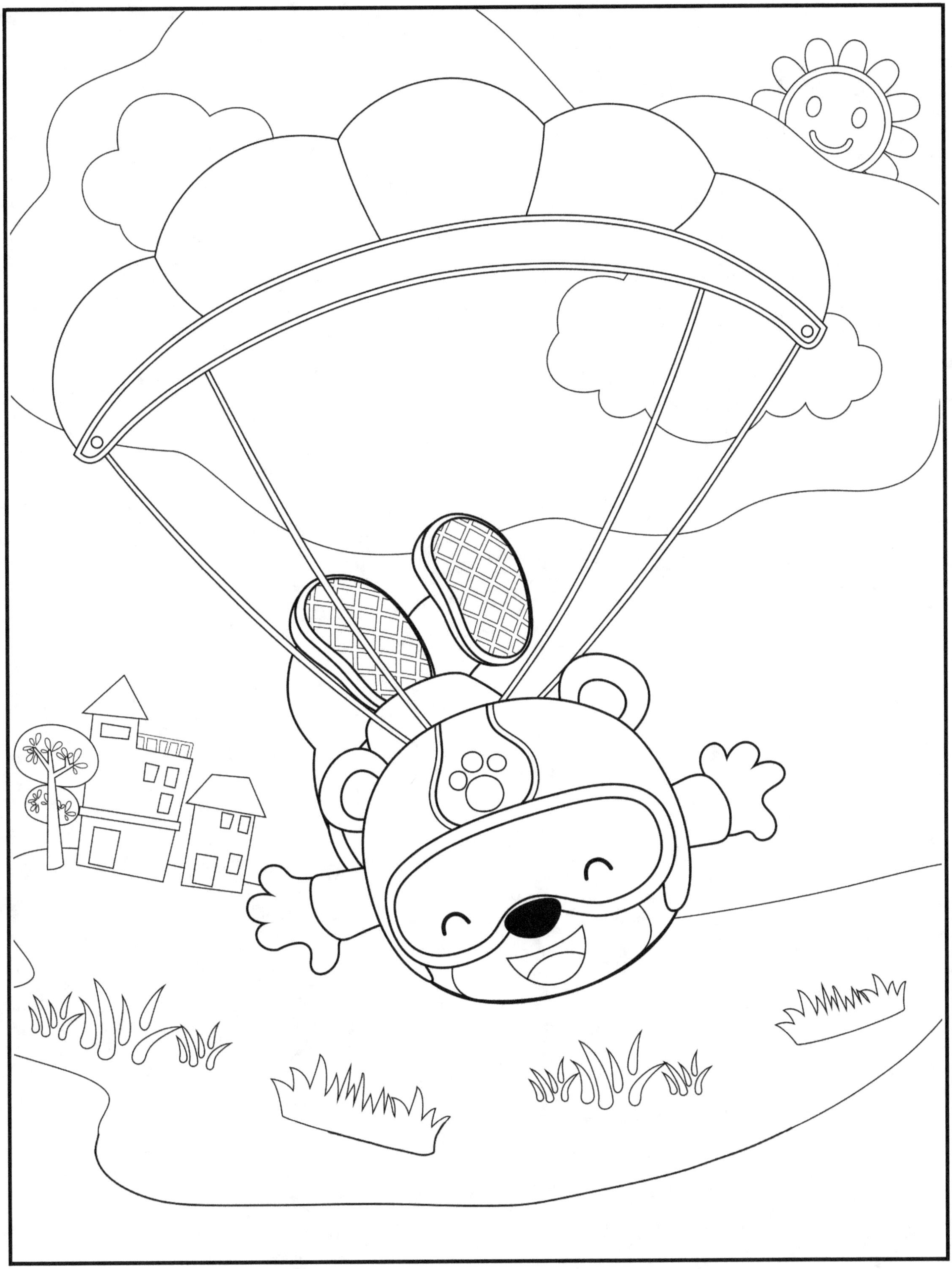

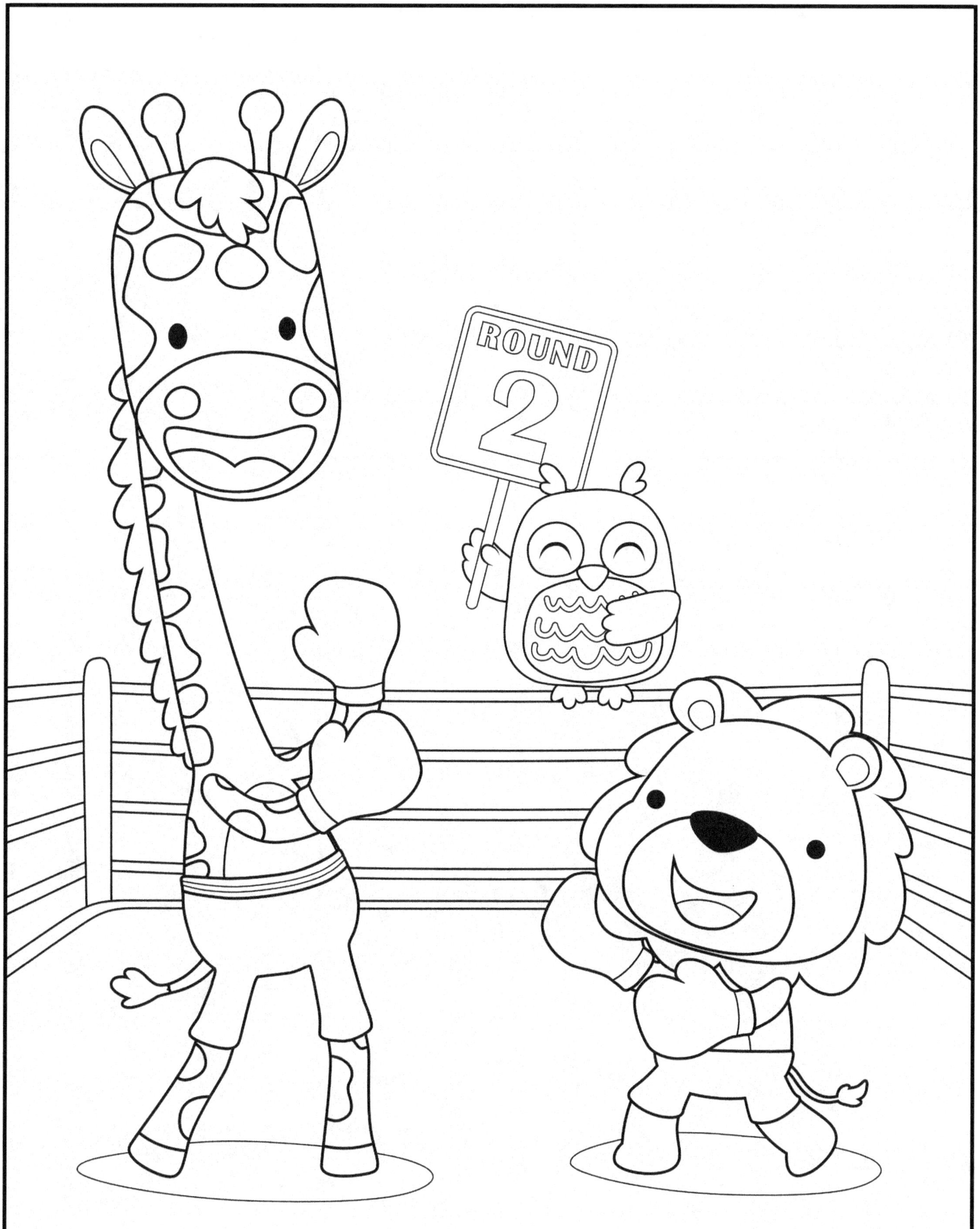
ROUND
2

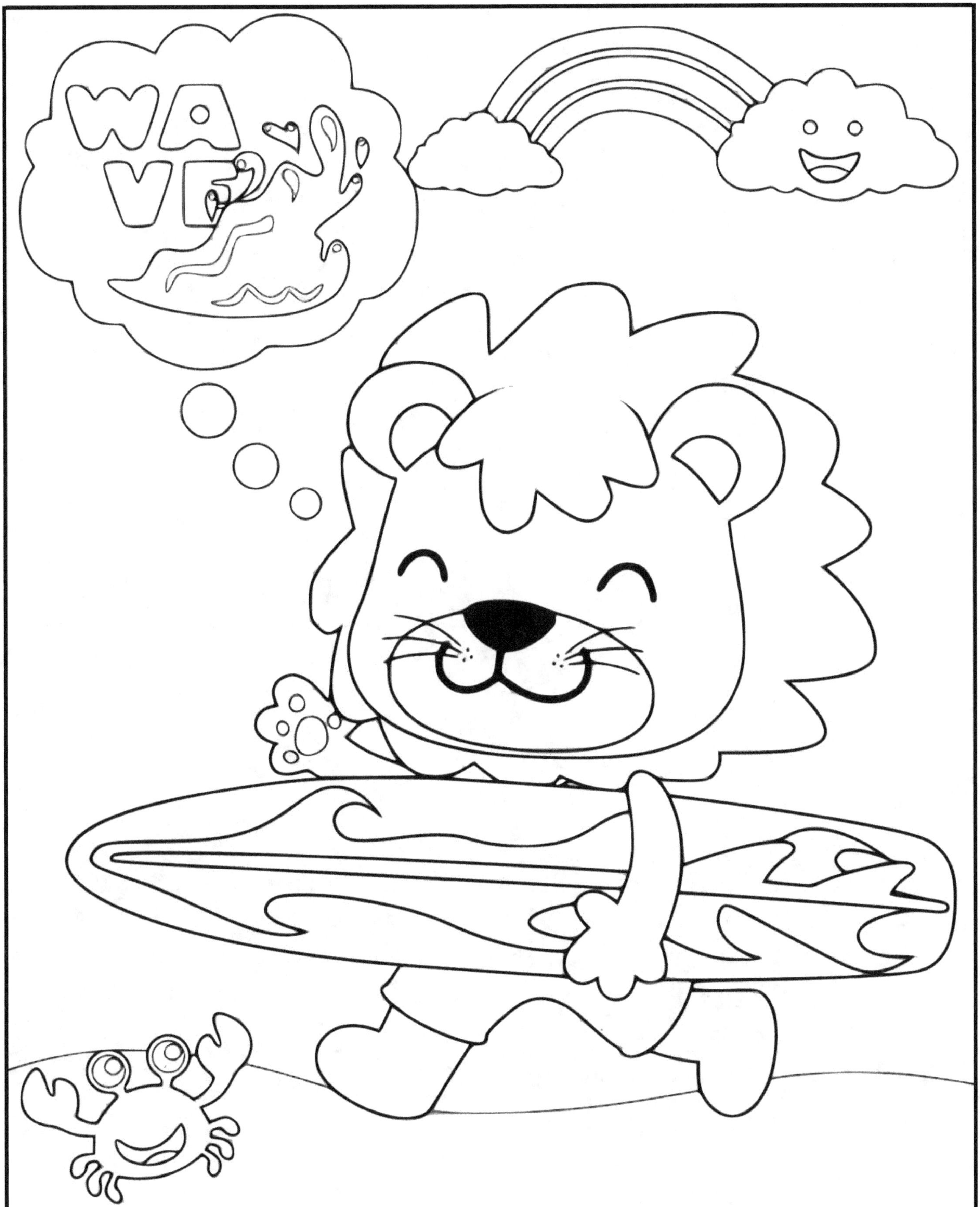
WAVE

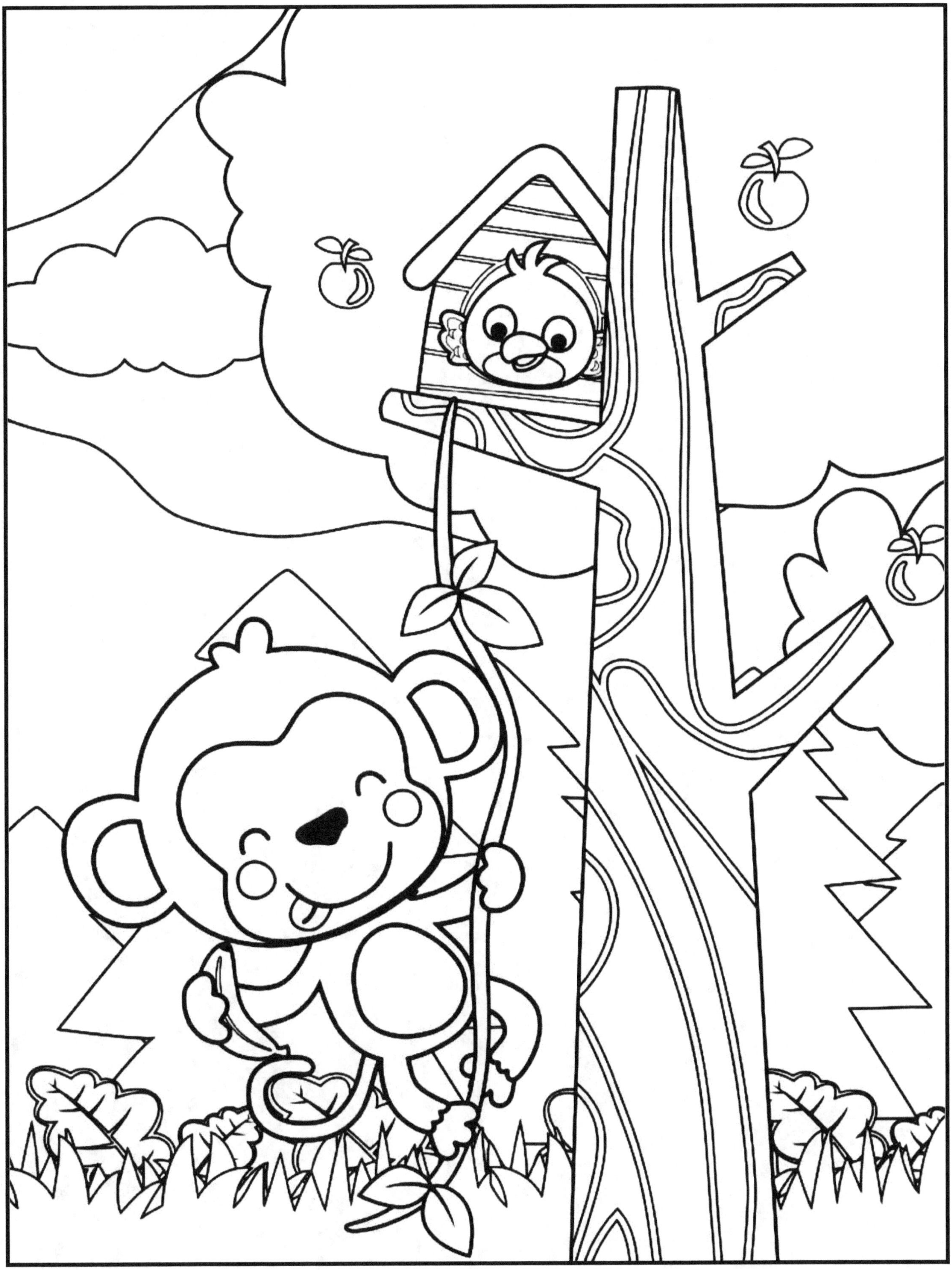

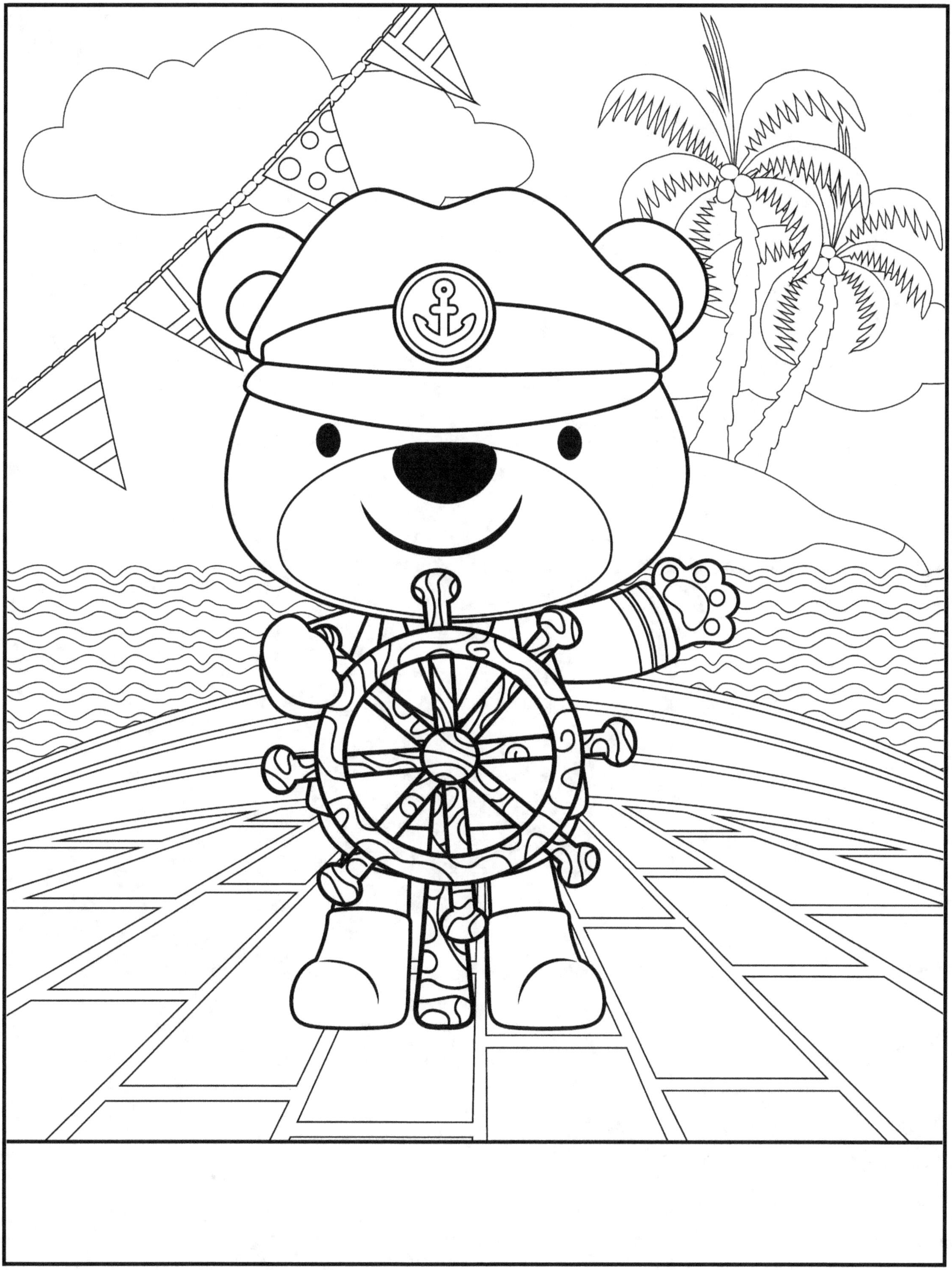

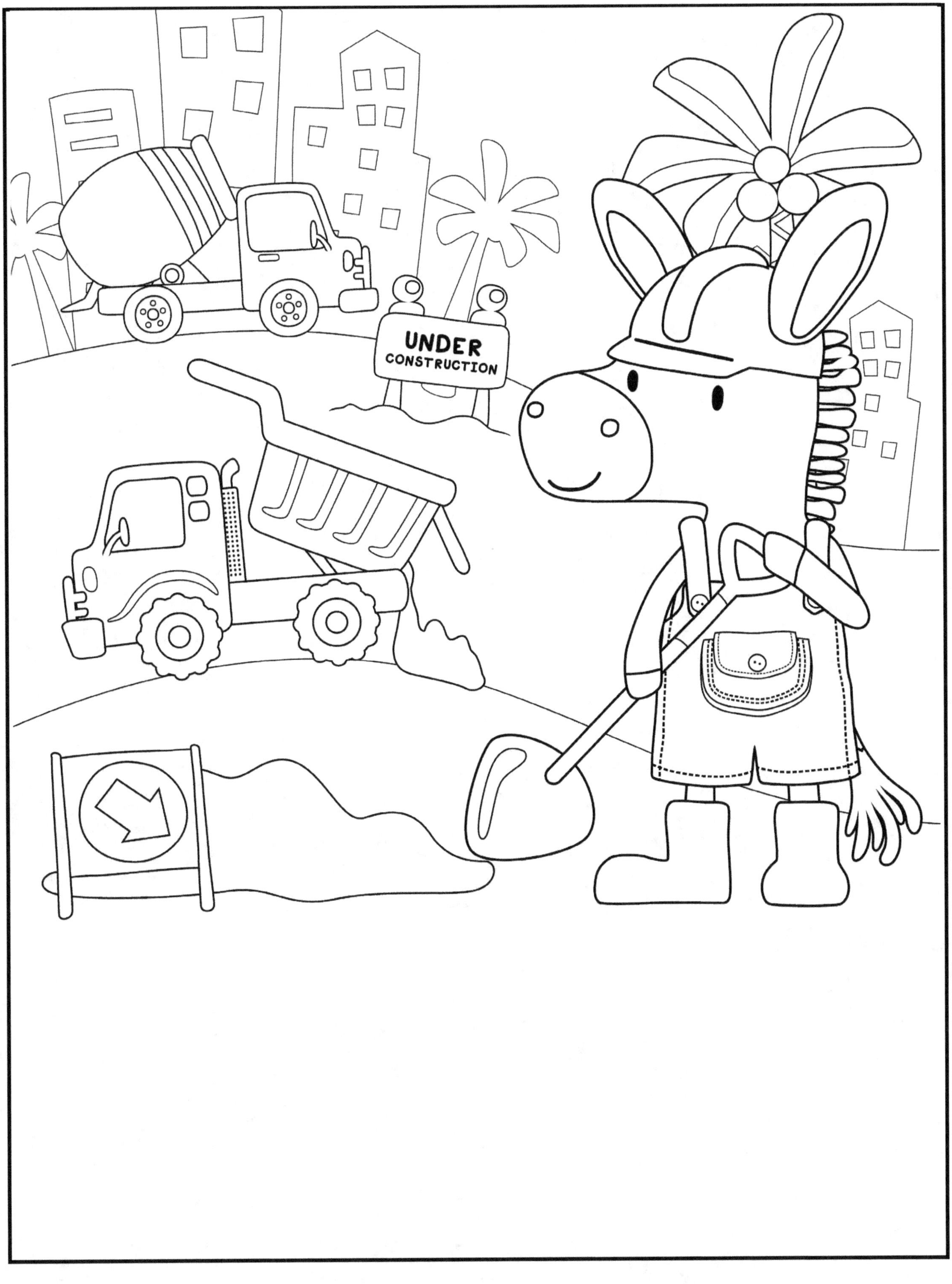
UNDER
CONSTRUCTION

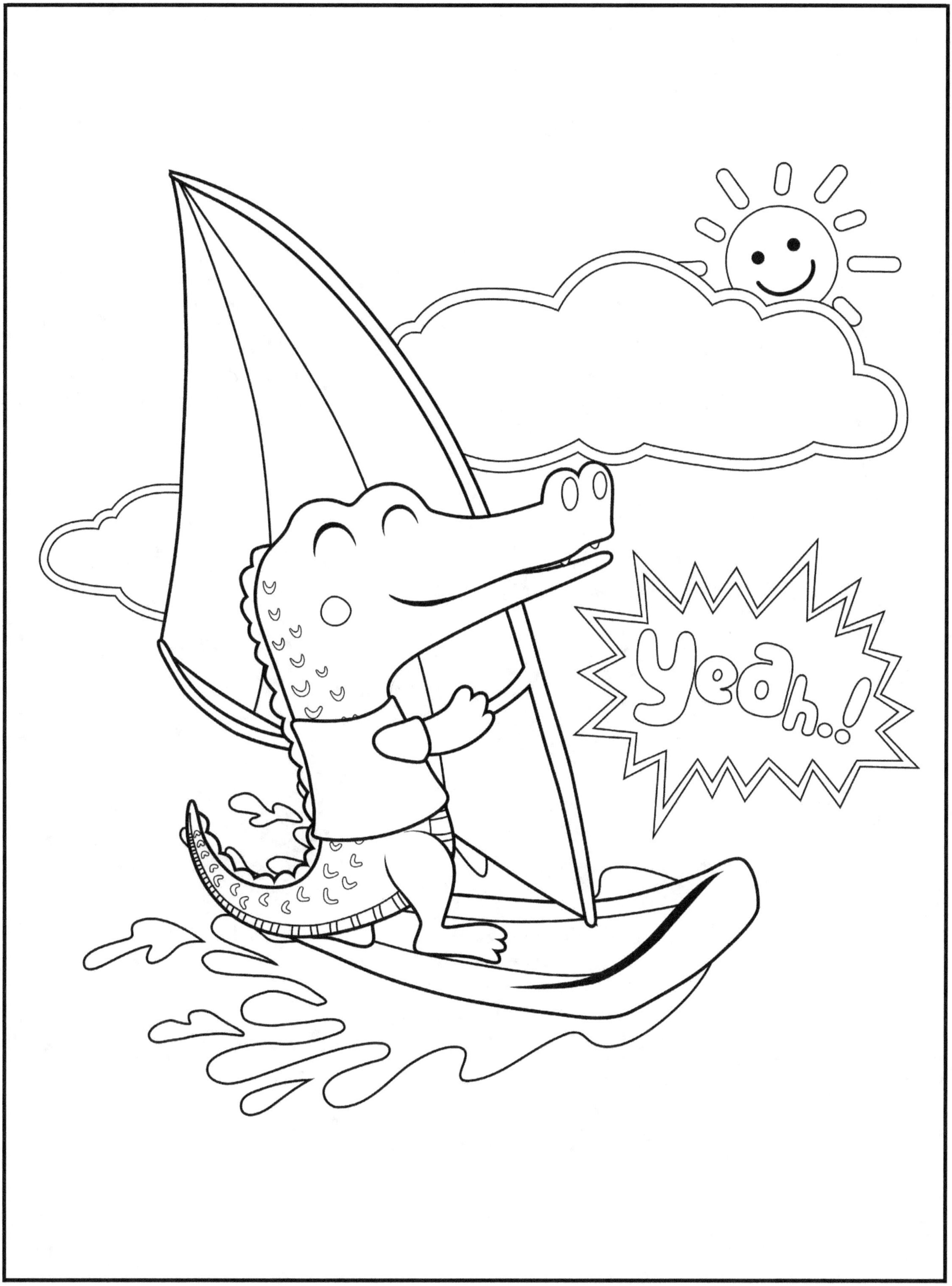
yeah..!

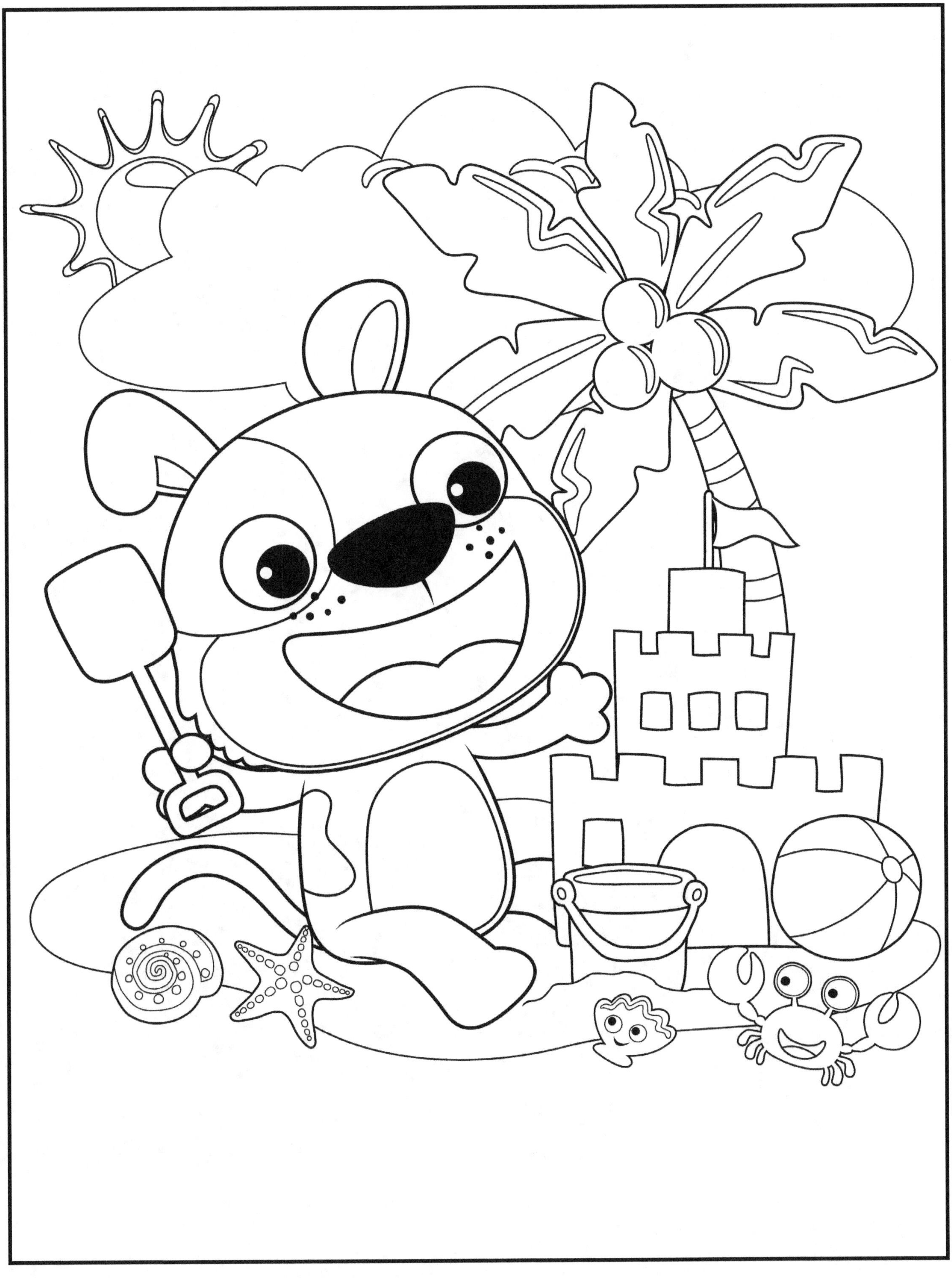

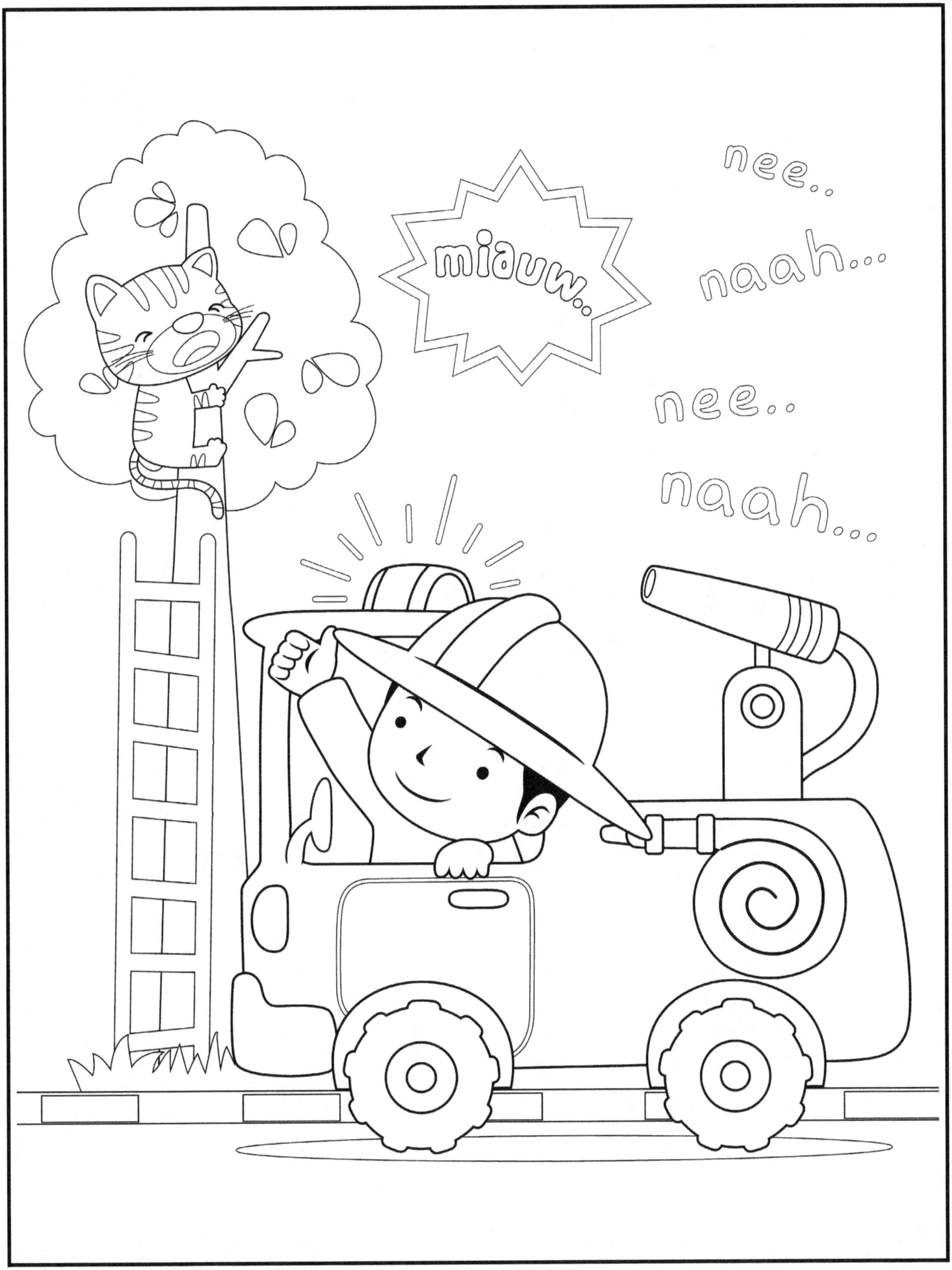
miauw..
nee..
naah...
nee..
naah...

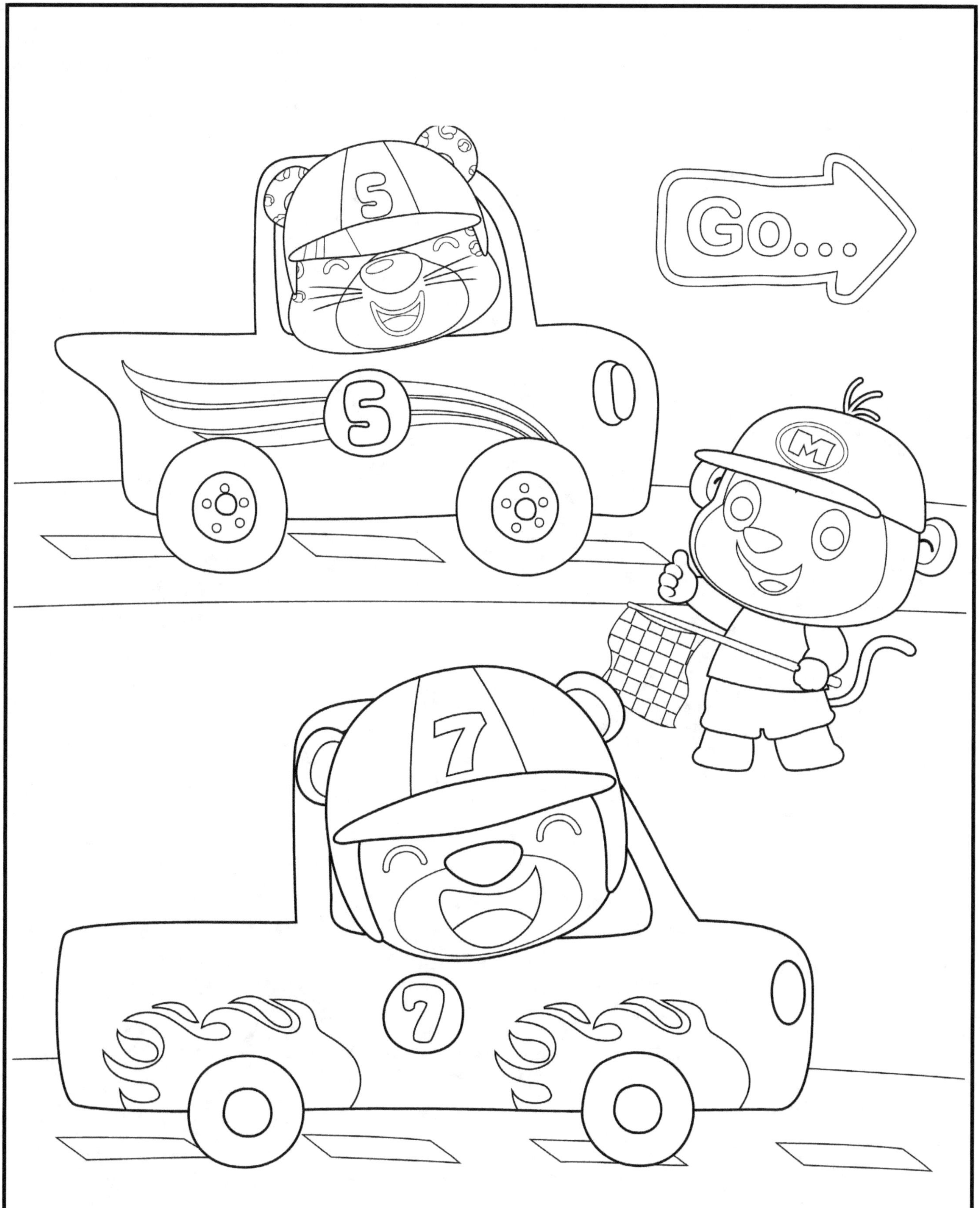
Go...
5
5
M
7
7

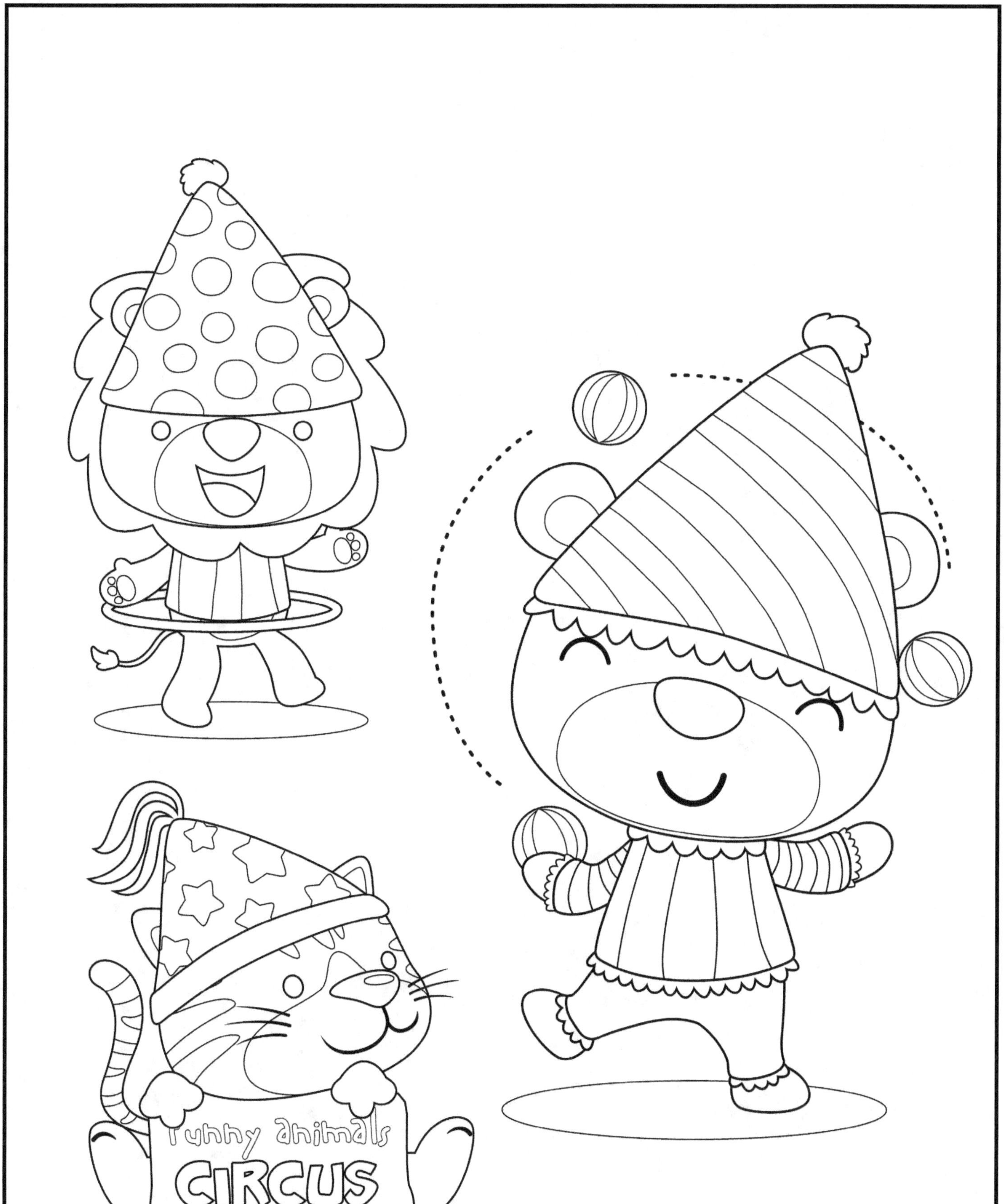
unny animals
CIRCUS

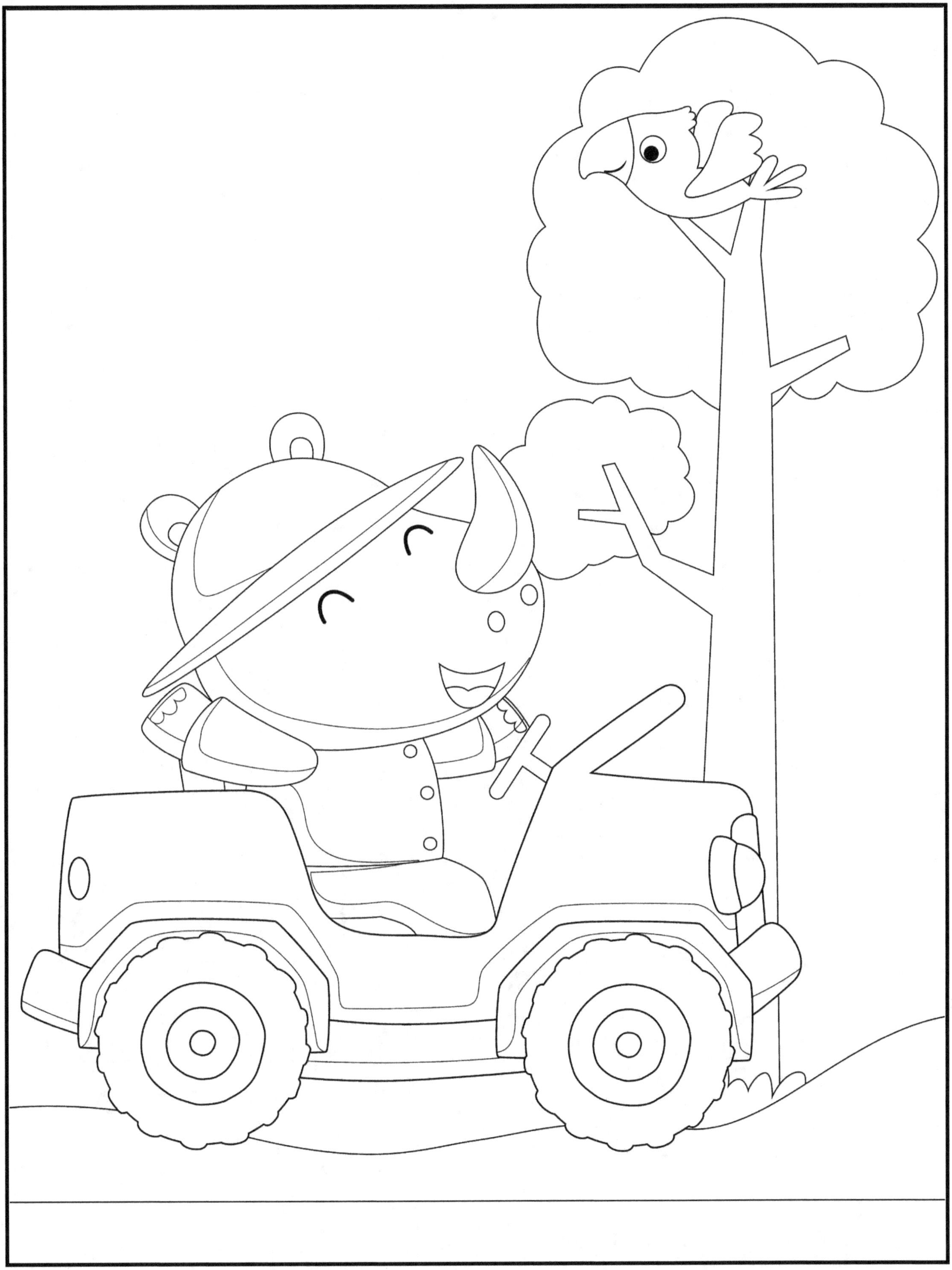

www.ingramcontent.com/pod-product-compliance
Lightning Source LLC
Chambersburg PA
CBHW081703220526
45466CB00009B/2856
9781657712188